W0407148

Guido Erbrich
Atme in uns, Heiliger Geist

Guido Erbrich

Atme in uns, Heiliger Geist

Jugendandachten zum neuen **Gotteslob**

benno

Bibliografische Information der Deutschen Nationalbibliothek
Die Deutsche Nationalbibliothek verzeichnet diese Publikation in der Deutschen Nationalbibliografie; detaillierte bibliografische Daten sind im Internet unter http://dnb.d-nb.de abrufbar.

Besuchen Sie uns im Internet:
www.st-benno.de

Gern informieren wir Sie unverbindlich und aktuell auch in unserem Newsletter zum Verlagsprogramm, zu Neuerscheinungen und Aktionen.
Einfach anmelden unter www.st-benno.de.

ISBN 978-3-7462-3812-8

© St. Benno-Verlag GmbH, Leipzig
Umschlaggestaltung: Ulrike Vetter, Leipzig
Notensatz: Andrea Näther, Leipzig
Gesamtherstellung: Kontext, Lemsel (A)

Inhaltsverzeichnis

Durchstarten zu Gott

„Andacht“ klingt schon ganz schön fromm, ja vielleicht sogar ein wenig langweilig. Aber es ist ein weitverbreitetes Missverständnis, dass fromm sein langweilig ist. Dabei verleiht „fromm sein“ Flügel, und eine Andacht kann beim Durchstarten schon recht hilfreich sein. Hier, beim „AnDenken“, nehme ich mir eine kurze Auszeit. Andachten sind kleine Tankstellen auf dem Weg zu Gott. Zeit zum Fragen, Zeit für Stille, Zeit zum Singen. Das geht gemeinsam

oft besser als allein, obwohl du die Andachten natürlich auch selber beten kannst.
Oft sind Anlässe für Andachten der Tagesbeginn oder das Gebet am Abend. Ein Gebet ist wie ein Vorzeichen in der Musik. Es gibt dem Tag ein melodisches Gerüst. In diesem Buch wirst du keine typischen Morgen- oder Abendgebete finden. Dafür geben Glaube, Liebe und Hoffnung, die großen christlichen Tugenden, den Andachten ihre Themen vor. Glaube, Liebe und Hoffnung sind innere Haltungen. Sehr schön schreibt es Paulus an die Gemeinde in Korinth: „Für jetzt bleiben Glaube, Hoffnung, Liebe, diese drei; doch am größten unter ihnen ist die Liebe" (1 Kor 13,13). Dieses Leben hat Jesus uns vorgelebt und gezeigt, dass wir auf den Gott der Liebe hoffen und vertrauen dürfen; dass es sich lohnt, an ihn zu glauben. Mit diesem Blick auf das Leben, auf die Welt und auf Gott wird uns eine Kraft geschenkt, die unsere Welt verwandeln kann.
Gern kannst du in die Andachten eigene Worte, andere Lieder oder neue Akzente einbringen. Oder lasse etwas weg. Es kann auch passen, nach einem Text einige Momente Stille zuzulassen oder auch ein passendes Musikstück zu spielen. Bei Gott wird es schon „richtig" ankommen.

Möglicher Ablauf einer Andacht

Ruhig werden

Lektor: Wir wollen die Andacht / unsere Besinnung / unseren Tag ... beginnen. *(Kreuzzeichen)* Im Namen des Vaters und des Sohnes und des Heiligen Geistes.
Alle: „Amen."

Lektor: Kurze Einführung in das Thema

Lied zum Beginn

Erster Text

Kurze Stille

Auslegung oder Gespräch

Lied

Gebet

Psalm
In der Gruppe beten sich die Psalmen am besten gemeinsam. Das kann abwechselnd geschehen, zum Beispiel linke und rechte Seite der Gruppe oder Jungen und Mädchen oder Vorbeter und Gruppe.

Segen (Segnen kann jeder!)
So segne uns alle an diesem Tag der Vater,
der Sohn und der Heilige Geist.

Lied zum Abschluss

(Die Andachten im Buch halten sich meist an diesen Rhythmus.)

1 Glaube

Wer sucht, der findet.

Mt 7,8

Wer glaubt, ein Christ zu sein,
weil er die Kirche besucht,
irrt sich.
Man wird ja auch kein Auto,
wenn man in eine Garage geht.

Albert Schweitzer

Ein wenig Glaube bringt
deine Seele in den Himmel,
aber viel Glaube wird den Himmel
in deine Seele bringen.

Unbekannt

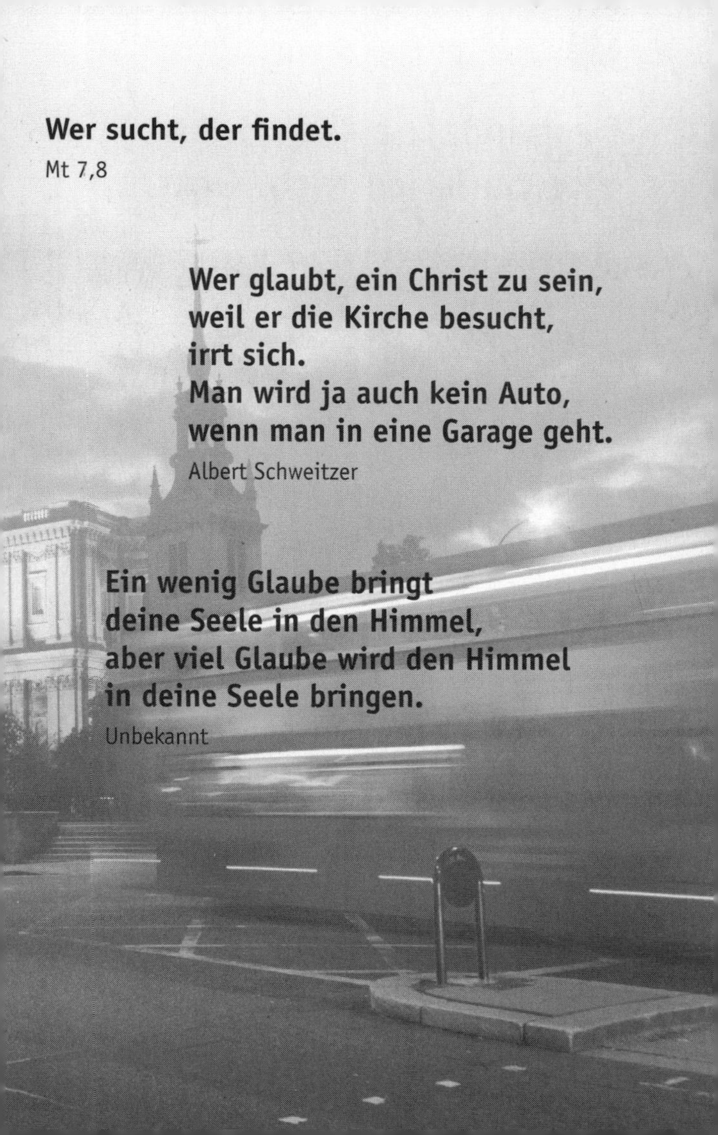

Suchandacht – Wie finde ich dich, Gott?

Eröffnung

Einführung ins Thema

Es ist gar nicht so leicht, Gott zu finden, denn er ist ein Meister im Verstecken. Und wenn er sich entdekken lässt, dann dauert es meist nicht lange und er scheint wieder weg zu sein.

Lied: ***Meine engen Grenzen*** (GL 437)

Geschichte: ***Felsenfester Glauben***

Ein einem Dorf hatte es schon monatelang nicht mehr geregnet. Die Dürre drohte, eine Katastrophe zu werden. Die Bewohner suchten nach einer Lösung und beschlossen schließlich, einen weisen Mann aufzusuchen, von dem bekannt war, dass er Wunder vollbringen kann. Sie wollten ihn um Regen bitten.

Das ganze Dorf machte sich also auf den Weg, und nach einer langen Reise kamen sie endlich zu der Wohnstätte des weisen Mannes.

Die Dorfältesten baten ihn um Regen für ihre Äcker und Felder, die Tiere und die durstigen Menschen. Aber der weise Mann antwortete: „Es tut mir leid, aber es wird kein Wunder geschehen, denn ihr besitzt zu wenig Glauben!“

„Aber wie kannst du so etwas sagen?“, antworteten die Ältesten. „Wir haben uns extra auf den weiten Weg hierher gemacht, um dich um Hilfe zu bitten. Ist das kein Beweis unseres Glaubens?“

„Nein“, sagte der weise Mann, „wenn ihr wirklich felsenfest an ein Wunder glauben würdet, dann hättet ihr alle einen Regenschirm mitgebracht!“

Gebet nach Psalm 28

Hörst du mir bitte einmal zu, Gott.
Ich möchte dich doch auch antworten hören.
 Wenn du schweigst, geht es mir wie allen,
 die nicht mehr mit dir reden.
Höre mir doch zu, wenn ich schreie!
Hör mir zu, wenn ich flüstere.
 Hör mir zu, wenn ich Wut habe.
 Hör mir zu, wenn ich bete.
Nein, ich möchte niemand werden,
der ja sagt und nein denkt.
 Nein, ich möchte kein falsches Leben führen
 und den Kontakt zu dir abbrechen.
So wie die, die von dir nichts mehr wissen wollen.
Und keine Augen für deine Werke haben.
 Ich will dir danken, Gott,
 und ich will glauben, dass du mich hörst.
Du stärkst mir den Rücken,
meine Seele ist sicher in deiner Hand.
 Du machst mich glücklich.
 So froh, dass ich singen und tanzen will.
Komm zu allen, die an dich glauben.
Mache uns stark und verlasse uns nicht.
 Hilf uns, Sinn und ein Ziel im Leben zu finden.
 Zeig uns, wo wir Kraft und Mut schöpfen können.

Lied: ***Da wohnt ein Sehnen tief in uns***

2. Um Einsicht, Beherztheit,
   um Beistand bitten wir.
   In Ohnmacht, in Furcht
   sei da, sei uns nahe, Gott. Kv

3. Um Heilung, um Ganzsein,
   um Zukunft bitten wir.
   In Krankheit, im Tod
   sei da, sei uns nahe, Gott. Kv

4. Dass Du, Gott, das Sehnen,
   den Durst stillst, bitten wir.
   Wir hoffen auf Dich;
   sei da, sei uns nahe, Gott. Kv

T u. M: Anne Quigley, dt: Eugen Eckert, © 1992 Oregon Press Publications, adm. by Unisong Music Publ. B. V. für D, A, CH: Small Stone Media Germany GmbH, Köln

Segen

Gott, sei vor uns und leite uns.
Gott, sei neben uns und begleite uns.
Gott, sei hinter uns und schütze uns.
Gott, sei unter uns und trage uns.
Gott, sei über uns und öffne uns.
Gott, sei in uns
und schenke uns ein lebendiges Herz.

„Wo zwei oder drei" – Glauben in Gemeinschaft

Eröffnung

Einführung

„Wo zwei oder drei in meinem Namen versammelt sind, da bin ich mitten unter ihnen" (Mt 18,20). Es ist schon ein starkes Versprechen, das Jesus uns hier gibt. Und oft können wir spüren, wie er sich daran hält.

Lied: ***Aus den Dörfern und aus Städten***

2. Und so kamen sie in Scharen, brachten ihre Kinder mit, ihre Kranken, auch die Alten, selbst die Lahmen hielten Schritt.
Von der Straße, aus der Gosse kamen Menschen ohne Zahl, und sie hungerten nach Liebe und nach Gottes Freudenmahl. Kv

3. Und dort lernten sie zu teilen Brot und Wein und Geld und Zeit; und dort lernten sie, zu heilen Kranke, Wunden, Schmerz und Leid;
und dort lernten sie zu beten, dass dein Wille, Gott, geschehe; und sie lernten so zu leben, dass das Leben nicht vergehe. Kv

4. Aus den Dörfern und aus Städten, von ganz nah und auch von fern, mal gespannt, mal eher skeptisch, manche zögernd, viele gern,

folgten wir den Spuren Jesu,
folgten wir dem, der uns rief,
und wir werden selbst zu Boten,
dass der Ruf noch gilt, der lief: Kv

T: Eugen Eckert, M: Alejandro Veciana, © Strube Verlag, München

Geschichte: *Das Ende der Nacht*

Ein jüdischer Weiser fragt seine Schüler: „Wie kann man den Augenblick bestimmen, wo die Nacht zu Ende ist und der Tag anbricht?" Der erste Schüler fragt: „Ist es, wenn man in der Ferne einen Feigenbaum von einer Palme unterscheiden kann?" Der Rabbi antwortet: „Nein, das ist es nicht." Der zweite Schüler meint: „Wenn man ein Schaf von einer Ziege unterscheiden kann, dann wechselt die Nacht zum Tag." „Auch das ist es nicht", ist die Antwort des Weisen. „Aber wann ist denn der Augenblick gekommen?", fragen die Schüler. Der Rabbi antwortet: „Wenn du in das Gesicht eines Menschen schaust und darin den Bruder oder die Schwester erkennst, dann ist die Nacht zu Ende, dann bricht der Tag an."

Chassidische Geschichte

Gebet: ***Wie der Regenbogen***

Wenn es regnet und die Sonne scheint,
steht der Regenbogen der Sonne entgegen.
Er ist das bunte Licht, das Begeisterung weckt.
Staunend stehen wir vor ihm.
Können uns nicht satt sehen.
Doch das Licht des Regenbogens ist nur der Widerschein des Sonnenlichtes.
Licht von Tausenden einzelnen Regentropfen verwandelt, verzaubert,
in Farbe getaucht.

Vater, lass mich wie ein Regentropfen sein,
öffne mich für das strahlende Licht,
durchfließe mich und lasse mich erstaunen,
lass mich selbst erstrahlen in meinen Farben,
die ich doch dir verdanke.

Vater, lass uns Glaubende wie ein Regenbogen sein und deine Liebe in die Welt hineinspiegeln, lass uns diese Welt verwandeln
und bezaubern und in verschiedene Farben tauchen, wenn wir – so wie wir von dir gewollt sind – deine Liebe weiterschenken.

Lied: ***Bewahre uns Gott*** (GL 453)

Brillenandacht – mit anderen Augen sehen

Eröffnung

Einführung ins Thema

Gott ist anders und überraschender, als wir es uns denken können. Da ist es hilfreich, verschiedene Brillen für Gott zu haben, damit wir ihn mit anderen Augen sehen können.

Lied: ***Herr, du bist mein Leben*** (GL 456)

Geschichte: *Gott schauen*

Am Ende seines Lebens wurde der alte König schwermütig. Missmutig ließ er seine Berater, Minister, Priester und alle Weisen des Landes rufen. „Ich habe alles, was ein Mensch mit Sinnen erfahren kann, in meinem langen Leben erlebt. Nur Gott habe ich nicht gesehen. Ihn will ich noch sehen. Ich bin ein alter Mann und habe nicht mehr viel Zeit. Ich gebe euch drei Tage Zeit, dass ich Gott ins Angesicht schauen kann. Schafft ihr es nicht, werde ich euch töten lassen."

Als die drei Tage vorüber waren, ließ er alle wieder vor sich rufen. Seine Berater, Minister, Priester und Weisen blieben jedoch stumm. Gerade als der zornige König ihr Todesurteil verkünden wollte, kam ein Hirte vom Feld. Er hatte vom Befehl des Königs gehört und sprach: „Erlaube mir, großer König, dass ich dir deinen Wunsch erfülle." – „Es geht um deinen Kopf", antwortete der König, „wenn es dir auch nicht gelingt, wie diesen da, werde ich dich töten lassen." Der Hirte nickte und führte den König vor das Schloss. Da zeigte der Hirte auf die Sonne, die alles mit ihrem Glanz beschien. „Schau hin, großer König." Der König wollte in die Sonne blicken, aber ihr Glanz blendete ihn so stark, dass er sich abwendete und seine Augen schloss. „Aber König", sprach der Hirte,

„die Sonne ist doch nur ein kleines Stückchen der Schöpfung Gottes, ein kleiner Abglanz, nur ein Fünkchen seines strahlenden Feuers. Und du willst mit deinen schwachen, tränenden Augen Gott schauen? Geh und suche ihn mit anderen Augen!"

Nach Leo Tolstoi

Gebet: *Fingerabdruck*

Davor kann ich nicht zurück.
Das ist eindeutig.
Durch ihn bin ich einmalig.
Ich bin nicht irgendwer.
Ich bin ich.
Ich bin geprägt,
nicht nur in meinem Fingerabdruck,
auch in meinen Gesten, Bewegungen,
meinem Gesicht, meinem Charakter –
das heißt: „Eingegrabenes";
geprägt durch das, was war ...
Freude, Liebe, Glück, Freundschaft,
Schuld, Enttäuschung, Schmerz, Einsamkeit.
So, wie ich bin, kennt mich Gott:
Mit all meinen Tränen und meinem Lachen,
meiner Güte und meiner Trägheit,
meiner Zuversicht und meiner Angst.

So, wie ich bin, nimmt er mich an, liebt er mich,
gibt mir täglich neu die Chance,
aus meinem Leben etwas zu machen
und neu anzufangen.
Grund genug, Ja zu sagen zu dieser Prägung Mensch.
Daraus erwächst Mut,
das notwendige Ja und das notwendige Nein zu sagen und nach dem Gewissen zu handeln,
Eindrücke und Abdrücke zu hinterlassen.

Lied: ***Ich lobe meinen Gott, der aus der Tiefe mich holt*** (GL 383)

Segen
Vater, segne uns und schenk uns einen weiten Blick,
bewahre uns vor Engstirnigkeit und Kleinkariertheit.
Öffne uns für deine unendliche Liebe
und die immer neuen Überraschungen,
die du für uns bereithältst.

Seite an Seite – Glaubenszeugen

Eröffnung

Einführung ins Thema

Es gehört Mut dazu, seinen Glauben zu bezeugen. Menschen wie Dietrich Bonhoeffer, Edith Stein oder Maximilian Kolbe sind für ihren Glauben in den Tod gegangen. Das Vertrauen, das viele Männer und Frauen in der Geschichte gezeigt haben, kann uns ermutigen, uns mit unserem Glauben nicht zu verstecken.

Bibeltext: ***Die Verleugnung des Petrus***

Simon Petrus und ein anderer Jünger folgten Jesus. Dieser Jünger war mit dem Hohenpriester bekannt und ging mit Jesus in den Hof des hohepriesterlichen Palastes. Petrus aber blieb draußen am Tor stehen. Da kam der andere Jünger, der Bekannte des Hohenpriesters, heraus; er sprach mit der Pförtnerin und führte Petrus hinein. Da sagte die Pförtnerin zu Petrus: Bist du nicht auch einer von den Jüngern dieses Menschen? Er antwortete: Nein. Die Diener und die Knechte hatten sich ein Kohlenfeuer angezündet und standen dabei, um sich zu wärmen; denn es war kalt. Auch Petrus stand bei ihnen und wärmte sich. Sie sagten zu ihm: Bist nicht auch du einer von seinen Jüngern? Er leugnete und sagte: Nein. Einer von den Dienern des Hohenpriesters, ein Verwandter dessen, dem Petrus das Ohr abgehauen hatte, sagte: Habe ich dich nicht im Garten bei ihm gesehen? Wieder leugnete Petrus, und gleich darauf krähte ein Hahn.

Joh 18,15-18.25b-27

Lied: ***Die Nacht ist vorgedrungen*** (GL 220)

Jochen Klepper schrieb dieses Lied mitten in der Zeit des Nationalsozialismus in Deutschland. Mit seiner jüdischen Frau und seiner Tochter nahm er sich 1942 wegen der bevorstehenden Deportation das Leben.

Gebet: ***Kannst du mich noch hören?***

Mein Gott, mein Gott, warum hast du mich verlassen?
Gott, mein Gott, warum nur lässt du dich nicht blicken?
Ich suche dich, ich bete doch schon, ich schreie und es ist zum Heulen.
Du bleibst still. Alles bleibt still.
Ich suche dich am Tag – keine Antwort.
Ich suche dich in der Nacht – Reaktion gleich null.
Und dann steht in der Bibel, du warst immer dabei und mittendrin.
Wieso bei den anderen, wieso damals?
Warum nicht hier bei mir, warum nicht jetzt und heute?
Bin ich dir zu klein und zu unbedeutend?
Eine Null, ein Nichts, ein Spinner?
Manchmal glaube ich, die anderen starren mich schon so an. Sie gaffen und halten mich insgeheim für bescheuert, dass ich noch an dir festhalte.
Dabei warst du doch dabei, als meine Mutter mich zur Welt brachte.
So wie ich mich als Baby an sie schmiegte, so sicher und geborgen möchte ich mich bei dir fühlen.
Wenn ich mir etwas wünschen darf, dann das:
Nimm die Angst von mir, die mich packen will.

Dass ich nicht glauben muss, dass alles sinnlos ist. Dass es mir nicht die Kehle abschnürt, wenn ich von dir sprechen will.
Wenn du mir zuhören solltest, öffne meine Sinne und mache mir Mut. Denn ich will doch von dir reden, will dich gern bekennen, zu dir zu gehören, mit all den anderen, die an dich glauben, und denen es doch genauso schwerfällt wie mir.
Mit allen möchte ich wieder einstimmen können in den großen Jubel. Es ist großartig, dass es dich gibt, gestern, heute und morgen. Nach Psalm 22

Lied: ***Siehe, ich bin bei euch***

T. Mt 28,20, M: Friedemann Wutzler, © 2007 WUTZLER VERLAG, D-01689 Weinböhla, www.wutzler-verlag.de

Jesus Christ Superstar

Eröffnung

Einführung ins Thema

Wer ist Jesus für mich? Ist er Bruder, Retter, Erlöser, Heiland, Messias, Begleiter, Revolutionär, Prophet? „Ich bin das Licht der Welt", sagt er selbst über sich. Wäre da nicht das Leben Jesu, würde das wie Angeberei klingen. Sein Leben für die Ausgegrenzten, die Botschaft von der Liebe Gottes, die durch das Kreuz zum Leben führt, machen deutlich: Mit ihm kann ich über alle Mauern springen und am Ende alle Grenzen durchbrechen.

Lied: ***Meine Hoffnung und meine Stärke*** (GL 365)

Geschichte: ***Wer bin ich?***

Jesus fragte einen Bauern: „Wer bin ich?" – „Du bist das Brot des Lebens." Er fragte einen Seemann, und der antwortete: „Du bist das rettende Ufer, wenn das Schiff in Not ist." Er fragte auch ein Kind. Das sagte: „Du bist wie eine Mutter, die niemals schimpft." Zum Schluss fragte er einen Theologen: „Wer bin ich?" Der Theologe antwortete: „Du bist Christus, die soteriologische Ausprägung der Offenbarung von der Heilswirklichkeit Gottes, der Mittelpunkt der Schöpfung, ohne den alle Suche nach Sinnhaftigkeit der Welt verblassen müsste." Und Jesus fragte staunend: „Was bin ich???"

Gebet: ***Gottes Name: JAHWE – Ich bin da!***

Ich bin da, wenn du allein bist.
Ich bin da, wenn du dich betroffen fühlst.
Ich bin da, wenn sie dich ausstoßen.
Ich bin da, wenn du meinst, es geht nicht mehr weiter.
Ich bin da, wenn du verzweifelt und traurig bist.
Ich bin da, wenn du Angst und Furcht hast.
Ich bin da, wenn alle dich nicht mögen.

Ich bin da, wenn zwischen dir und deinem Freund ein Mauer ist.
Ich bin da, wenn du vor Sorgen nicht schlafen kannst.
Ich bin da, wenn einer dir was zuleide tut.
Ich bin da, wenn du in großer Gefahr bist.
Ich bin da, wenn du krank bist und Hilfe brauchst.
Ich bin da, wenn du mit deinem Kummer nicht fertig wirst.
Ich bin da, wenn für dich die Welt zerbricht.
Ich bin da, wenn du ein wenig mehr Liebe brauchst.
Ich bin da, wenn du große Schmerzen hast.
Ich bin da, wenn keiner dir zuhört.
Ich bin da, wenn du dich vor Erschöpfung nicht mehr halten kannst.
Ich bin da, wenn du ein schlechtes Gewissen hast.
Ich bin da, wenn du mich rufst.
Ich bin da, wenn du heimkehrst zu mir.
Ich bin da, wie eine Flamme, die nie verlöscht.
Ich bin da, wie eine schöne Blume, die dein Herz erfreut.
Ich bin da, wie eine Wolke, die dich mit Liebe umhüllt.
Ich bin da, wie ein Auge, das mit Liebe auf dich schaut.
Ich bin da, wie eine Hand, die vorsorglich deine Hand ergreift.

Ich bin da, wie ein Herz, das immer für dich schlägt.
Ich bin da, wie ein Engel, der dich schützt und leitet.
Ich bin da, wie ein Freund, der dich niemals im Stich lässt.
Ich bin da, wie eine Schwester, die mit dir die Sorgen teilt.
Ich bin da, wie ein Bruder, der zu dir steht im Leid und in der Freude.
Ich bin da, wie eine Mutter, die mit dir fühlt, dich ganz versteht.
Ich bin da, als dein Vater, der ewige Geborgenheit gibt.
Ich bin immer für dich da, ich, dein unendlich liebender Gott.

(im Wechsel beten oder nacheinander jeder einen Satz sprechen)

Lied: ***Jesus Christ, you are my life*** (GL 362)

Mittendrin in der Gegenwart Gottes

Eröffnung

Einführung ins Thema

Die Litanei von der Gegenwart Gottes ist wie ein Sessellift, mit dem wir dem Gipfel entgegenfahren: mittendrin im Wind des Lebens. Von der Talstation geht es hinauf zur Bergstation. Gemeinsam mit anderen, die mit mir am gleichen Seil nach oben gezogen werden. Dabei bietet diese Litanei mehr Fragen als Antworten, mehr Glauben als Wissen. Der Lift endet vor dem Gipfel. Das letzte Stück muss jeder alleine gehen.

Denkanstoß

Kein Platz ist, in dem nicht Gott,
keiner, der nicht in Gott wäre.
Er ist im Himmel, er ist in der Tiefe,
er ist jenseits der Meere.
Von innen her erfüllt er sie,
nach außen hin überragt er sie.
So also: indem er hat, wird er auch gehabt;
weder ist er irgendwo eingeschlossen,
noch fehlt er in einem einzigen Ding.

Hilarius von Poitiers

Lied: ***Litanei von der Gegenwart Gottes*** (GL 557)

Segen

Es segne uns Gott, der Ursprung,
an dem alles beginnt.
Es segne uns Gott, das Ziel,
in das alles mündet.
Es segne uns Gott, die Gegenwart,
die alles trägt.

Nach Paul Claudel

Segensandacht Glaube

Eröffnung

Einführung ins Thema

„Die einen glauben, dass sie glauben, die anderen glauben, dass sie nicht glauben“, hat der polnische Autor Stanislaw Jerzy Lec einmal augenzwinkernd bemerkt. Und damit hat er recht. Ob es Gott gibt oder nicht, ist eine Glaubensfrage. Damit unterscheidet sich der Glauben in keiner Weise von der Liebe. Liebe lässt sich ebenso wenig beweisen. Ich muss darauf vertrauen, dass ich geliebt werde.
Der Glaube an Jesus Christus ist genau so eine Be-

ziehung. Ich kann sie erleben, ich kann aus ihr Kraft schöpfen und daran wachsen. Wie bei einem geliebten Menschen. Die anderen merken es mir an, wie verliebt ich bin. Und in diese Beziehung passt die ganze Welt.

Lied: ***Ubi caritas*** (GL 445)
oder ***Confitemini domino*** (GL 618)

Gebet: ***Gott in der Schöpfung und der Geschichte***
Halleluja! Lobt den HERRN! Und denkt dran: Es darf Spaß machen,
Gott zu loben, der Freude in unser Leben bringt.
Wo Krieg und Zerstörung wütete, bringst du neues Leben.
Frustrierten und Verzweifelten machst du wieder Mut.
Du kennst die Galaxien und Sterne alle mit Namen,
nichts und niemand auf der Welt kann sich vor dir verkriechen.
Auch wenn wir dich nicht begreifen können, weil du unvergleichbar bist,
ahnen wir doch, dass ohne dich nichts wäre.
Singt mit und stimmt eure Gitarren,
wir wollen Gott ein Loblied schmettern,
dass der Rhythmus allen in die Glieder fährt.

Gott ist es, der diese Welt geschaffen hat,
dass Regen und Wind, Sonne und Tau es
wachsen lassen.
Gott ist es, der mit Tag und Nacht Aktivität
und Ruhe schenkt.
Gott ist es, der uns den Frieden ans Herz legt,
damit wir die Welt verändern können.
Gott ist es, dessen Wort um die Erde läuft.
Das Wort, das allem Streit und Hass ein Ende machen
will.
Gott ist es, der alle in seiner Hand hält,
unabhängig von Geschlecht, Hautfarbe, Religion und
Reichtum.
Gott steht zu seinem Volk,
das seine Schöpfung selber ist. Halleluja

Nach Psalm 147

Lied: *Solang der Mond am hohen Himmel steht*

2. Du kennst mich, du hast mich erforscht,
du erkennst all meine Gedanken.
Wo auch immer ich geh, was ich tu,
du bist vertraut mit meinen Wegen. Kv

3. Wollt ich fliehn, Herr, vor deinem Geist,
tief ins Meer, hoch auf Berge flüchten,
du wärst dort und mir unendlich nah,
legtest die Hand schützend auf mich. Kv

4. Sieh auf mich, prüfe, Herr, mein Herz.
Sieh auf mich, Gott, erforsch mein Denken.
Sieh, ob ich auf dem Weg zu dir bin,
und leite mich auf deinem Pfad. Kv

T, M u. © Jürgen Triebert

2

Liebe

Was ihr für einen meiner geringsten Brüder getan habt, das habt ihr mir getan.
Mt 25,40

Wir sind Engel mit nur einem Flügel. Um fliegen zu können, müssen wir uns umarmen.
Luciano De Crescenzo

All you need is love
The Beatles

Ohrenandacht – Bis über beide Ohren verliebt

Eröffnung

Einführung ins Thema

Gott ist die Liebe. Das können wir immer wieder hören. Was das heißt, kann aber erst verstehen, wer selbst mal über beide Ohren verliebt war oder ist. Liebe ergreift einen ganz und lässt einen auch mal

Unvernünftiges tun. Liebe hat auch viel mit Mut zu tun, nicht zuletzt, weil man sich dem Menschen offenbart, den man liebt und von dem man noch nicht weiß, ob er einen auch liebt. Das Tolle dabei: Wenn es Liebe ist, ist Gott mittendrin!

Lied: ***Von der Zärtlichkeit Gottes***

2. Mit Sanftmut will ich dich berühren,
dich stärken aus der großen Kraft;
wir werden Gottes Güte spüren,
die Leben und Vergeben schafft.

3. Mit Liebe will ich dich umhüllen,
dich streicheln voller Zärtlichkeit;
und Gottes Geist wird uns erfüllen
hier, heute und für alle Zeit.

T: Eckart Bücken, M: Thomas Quast, aus: Unser Traum ist der Weg, 1991
© alle Rechte im tvd-Verlag, Düsseldorf

Bibeltext: ***Das Hohelied der Liebe***

Wenn ich in den Sprachen der Menschen und Engel redete, hätte aber die Liebe nicht, wäre ich dröhnendes Erz oder eine lärmende Pauke. Und wenn ich prophetisch reden könnte und alle Geheimnisse wüsste und alle Erkenntnis hätte; wenn ich alle Glaubenskraft besäße und Berge damit versetzen könnte, hätte aber die Liebe nicht, wäre ich nichts. Und wenn ich meine ganze Habe verschenkte und wenn ich meinen Leib dem Feuer übergäbe, hätte aber die Liebe nicht, nützte es mir nichts.

Die Liebe ist langmütig, die Liebe ist gütig. Sie ereifert sich nicht, sie prahlt nicht, sie bläht sich nicht auf. Sie handelt nicht ungehörig, sucht nicht ihren Vorteil, lässt sich nicht zum Zorn reizen, trägt das Böse nicht nach. Sie freut sich nicht über das Unrecht, sondern freut sich an der Wahrheit.

Sie erträgt alles, glaubt alles, hofft alles, hält allem stand. Die Liebe hört niemals auf.

1 Kor 13,1-8

Gebet: ***Suche nach Liebe***

Herr, ich wünsche mir so sehr einen Menschen, der mich versteht und dem ich alles sagen kann. Ich wünsche mir einen Menschen, der mich aufrichtig liebt.

Lass mich jemanden finden, der nicht nur mit der Liebe spielt. Lass mich jemanden finden, der mein Herz sucht und nicht nur mein Geschlecht. Lass mich jemanden finden, der mein Leben für lange Zeit reicher macht, der mich nicht eines Tages arm und zerstört zurücklässt.

Hilf mir, auch seinem Leben mehr Freude und Glanz zu geben. Hilf mir, Liebe zu finden, in der Kraft und Treue ist wie in der Liebe, mit der du uns liebst.

Gebet: ***Ich bin verliebt***

Herr, ich bin verliebt.
Das macht mich froh und glücklich.
Mein ganzes Leben ist verändert.
Selbst der Alltag ist „wunder-bar".
Danke, Herr,
für dieses Geschenk des Himmels.
Wenn wir beisammen sind, ist es,
als wäre ein Stück Himmel
auf diese Erde gefallen:
Alle Zeit verliert ihre Dimension.
Minuten werden zu Stunden
und Stunden zu Minuten.
Wenn wir uns nahe sind,
fühlen wir uns wie im Paradies.

Lied: ***Dass du mich einstimmen lässt***
(GL 389)

Segen

Gott gebe dir
für jeden Sturm einen Regenbogen,
für jede Träne ein Lachen,
für jede Sorge eine Aussicht
und eine Hilfe in jeder Schwierigkeit.
Für jedes Problem, das das Leben schickt,
einen Freund, es zu teilen,
für jeden Seufzer ein schönes Lied
und eine Antwort auf jedes Gebet.

Aus Irland

Wo der Frieden beginnt

50 **Eröffnung**

Einführung ins Thema

Frieden ist der größte Traum der Menschheit: Frieden zwischen Menschen, Nationen und mit der Schöpfung. Gott selbst lädt uns ein, in der Welt Friedensbringer zu sein.

Lied: *Da pacem domine*

T: nach Sir 50,23, M: M. Franck,

© Ateliers et Presses de Taizé, F-71250 Taizé-Communauté

Geschichte: *Vernichte meine Feinde!*

Ein König schickte seinen Feldherrn mit einem Trupp Soldaten auf ein Schlachtfeld außer Landes. Sein Befehl an ihn lautete: „Vernichte meine Feinde!“ Feldherr und Heer zogen aus. Doch niemand im Reich erfuhr, was sie in der Ferne ausrichteten. Als der König nach vielen Monaten noch immer ohne Nachricht geblieben war, schickte er einen Kundschafter aus, um die Lage im Kriegsgebiet zu überprüfen und ihm Bericht zu erstatten.

Im Feindesland stieß der Bote auf ein Lager, aus dem schon von Weitem das fröhliche Stimmengewirr eines Festes zu hören war. Der Feldherr und seine Soldaten saßen gemeinsam mit den Feinden des Königs an einem Tisch und feierten.

Der Kundschafter stellte den Feldherrn seines Königs zur Rede: „Ihr habt den Auftrag des Königs nicht ausgeführt! Statt die Feinde zu vernichten, habt ihr euch mit ihnen verbrüdert!“

Gelassen erwiderte der so gescholtene Feldherr: „Den Befehl des Königs haben wir sehr wohl ausgeführt. Der Feind ist vernichtet UND wir haben neue Freunde gewonnen!“

Lied: *Keinen Tag soll es geben*

2. Keinen Tag soll es geben, da du sagen musst:
Niemand ist da, der mich mit Kraft erfüllt.
Keinen Tag soll es geben, da du sagen musst:
Niemand ist da, der mir die Hoffnung stärkt. Kv

3. Keinen Tag soll es geben, da du sagen musst:
Niemand ist da, der mich mit Geist beseelt.
Keinen Tag soll es geben, da du sagen musst:
Niemand ist da, der mir das Leben schenkt. Kv

T: Uwe Seidel, M: Thomas Quast, aus: daß Versöhnung blüht, 1997
© alle Rechte im tvd-Verlag, Düsseldorf

Gebet: ***Am Ende sind wir frei***

Eines Tages wird Freiheit kein leeres Wort
sein,
eines Tages wird sie allen gehören.
Ein Traum wird wahr und Lachen wird selbst dort zu
hören sein,
wo bisher geschwiegen wurde.
Auf Straßen und Plätzen wird gesungen und getanzt,
Menschen öffnen ihre Augen und staunen:
Es gibt dich also doch, Gott.
Und die Singenden trauen sich und rufen aus:
Gott, du hast uns überreich beschenkt,
du bist du, hier bei uns.
So wie du die Quelle zum Schluss
als Strom ins Meer fließen lässt,
so bringe uns an unser, an dein Ziel, Gott.
Nach aller Unterdrückung und Angst,
nach allem Zweifel und aller Not
gewinnt zum Schluss die Freude.
Öffne uns einen neuen Weg
zur Freiheit hin,
auf dem wir
viele kleine Schritte
mit dir gehen können.

Nach Psalm 126

Einladung zum Friedengruß: *Schalom, Salam*
Für Israelis und Juden ist „Schalom" der wichtigste Gruß und Wunsch; Araber und Moslems sagen: „Salam". „Frieden" heißen diese beiden verwandten Worte übersetzt, aber das hebräische und das arabische Wort haben viele Bedeutungen. Mit „Schalom/Salam" ist die Abwesenheit von Krieg, Unheil und Unglück genauso gemeint wie Gesundheit, Solidarität, Sicherheit und Ruhe. Ein Friede, der Gott, Mensch und Schöpfung umfasst. Darin ist also sehr vieles enthalten: von Frieden bis hin zu Glück, Harmonie und Zufriedenheit. Es ist schön, dass neben den Juden und Moslems auch wir Christen diesen Gruß heute benutzen. Denn der Friedensgruß meint genau diesen Frieden: Schalom/Salam.
So wollen wir aufeinander zugehen und uns gegenseitig den Frieden wünschen: „Der Friede sei mit dir."

Sind bei der Andacht viele anwesend, kann parallel dazu das Taizélied ***Ubi caritas*** (GL 445) gesungen werden.

Schiefgegangen

Eröffnung

Einführung ins Thema

In unserem Leben verläuft nicht alles gerade. Manches geht richtig daneben, und wir wissen nicht, wie wir aus dieser Situation wieder herauskommen. Gott ist uns in diesen Situationen oft viel näher, als wir denken.

Gebet: ***Schiefgegangen***

Herr, es ist mal wieder schiefgegangen.
Eigentlich wollte ich doch gar nicht,
aber dann hat es mich doch gepackt, und jetzt?
Verzeih du mir, Herr,
ich ärgere mich über mich, es tut mir leid,
am liebsten würde ich alles rückgängig machen.
Bitte hilf mir, Herr,
lass mich wieder von vorn beginnen.
Hilf, dass ich beim nächsten Mal nicht wieder durchbrenne.

Lied: ***Stimme, die Stein zerbricht*** (GL 417)

Geschichte: ***Selbstzufriedene Heilige***

Als der Sohn Gottes ans Kreuz genagelt wurde und seinen Geist aufgab, fuhr er direkt hinunter zur Hölle und befreite alle Sünder, die dort Qualen litten. Der Teufel weinte und klagte, denn er dachte, er würde keine Sünder mehr in die Hölle bekommen. Da sagte Gott zu ihm: „Weine nicht, denn ich werde dir all die heiligen Leute schicken, die im Bewusstsein ihrer Frömmigkeit selbstzufrieden geworden sind und selbstgerecht die Sünder verdammen. Und damit wird die Hölle wieder voll besetzt sein."

Alte christliche Legende

Lied: ***Lied der Heimkehr – Im Jubel ernten***

2. Wie Träumende werden wir sein,
als Menschen zueinander Schritte finden,
Schritte gehen ins neue Land. Kv

3. Wie Träumende werden wir sein,
als Menschen miteinander Hoffnung schöpfen,
Hoffnung schenken im neuen Land. Kv

T: Thomas Laubach (nach Ps 26), M: Thomas Quast, aus: Das Schweigen bricht, 1987 © alle Rechte im tvd-Verlag, Düsseldorf

Segensgebet: ***Herr, ich brauche dich jeden Tag***

Gib mir Klarheit des Gewissens,
die ich fühlen und begreifen kann.
Meine Ohren sind taub,
ich kann deine Stimme nicht vernehmen.
Meine Augen sind trüb,
ich kann deine Zeichen nicht sehen.
Du allein kannst mein Ohr schärfen
und meinen Blick klären,
mein Herz reinigen und erneuern.
Lehre mich, zu deinen Füßen zu sitzen
und auf dein Wort zu hören. Amen.

John Henry Newman

Maria, der Engel und unser Weg

Eröffnung

Einführung ins Thema

Manchmal ertappe ich mich bei dem Gedanken: Bei wie vielen Frauen ist der Verkündigungsengel eigentlich schon gewesen, bevor er zu Maria kam?
In der Bibel steht von erfolglosen Versuchen des Engels nichts geschrieben. Da steht nur die Geschichte mit Maria. Zu ihr kommt der Engel und sagt, dass sie ein Kind bekommen wird. Maria fragt kurz nach.

Dann stimmt sie zu, und das Happy End feiern wir zu Weihnachten. Das Kind wird im Stall von Betlehem in einer Krippe geboren, und die Engel singen „Gloria – Ehre sei Gott".

In meinen Gedanken stelle ich mir einen Engel vor, der auch mal frustriert ist. Einen Engel, der nicht so schnell erfolgreich ist, der zu einer Frau kommt, die ihm sagt: „Pass auf, das ist ja gut und schön, aber mir geht das jetzt ein bisschen zu schnell."

Gott, von dem ich glaube, dass er ein Gott der Freiheit ist, wird so eine Antwort doch einkalkuliert haben. Sein Angebot an uns Menschen fordert unsere freie Entscheidung, da muss also auch das Nein seinen Platz haben.

Und, da er uns kennt, wird er wissen: Wir Menschen sagen sehr selten vorbehaltlos „Ja und Amen". Egal, wer fragt. Der mächtige Gott ist auch ein ohnmächtiger Gott. Er ist in seiner ganzen Großartigkeit davon abhängig, dass ein Mensch ja zu ihm sagt. Trotzdem: Er wird es nicht erzwingen. Weil er es auch nicht nötig hat. Dieser Gott kann es sich leisten, als kleines Kind in einer Krippe zu liegen und sich ganz in die Arme einer Frau zu geben, die ihn annimmt.

Genauso frei bietet er sich uns an. Das Angebot, das er macht, können wir ergreifen oder es bleiben

lassen. So ein Gott nimmt uns Menschen ernst. Nicht als Schräubchen im Getriebe, sondern als freie Geschöpfe seiner Welt. Maria wird das gespürt haben. Sie ließ sich auf Gott ein und erwartete das, was kam. Öffnen auch wir unsere Sinne, damit wir seine Stimme und die Botschaft seiner Boten auch hören – und sie nicht frustriert davonfliegen lassen.

Lied: *Groß sein lässt meine Seele den Herrn*

Em Am D G
Fine
denn Er ist mein Heil.
G D Em
1. Laut rühmt mei - ne See - le Got - tes Macht und
Hm Em D
Herr - lich - keit, und mein Geist froh - lockt in mei - nem
Em D G
Ret - ter und Herrn. Denn Sein Au - ge
D Em Hm
hat ge - schaut auf Sei - ne klei - ne Magd,
Em D
und nun sin - gen al - le Völ - ker
Em D
mit mir im Chor: ______ (Hal - le - lu - ja.)

2. Denn der Starke hat Gewaltiges
an mir getan,
und Sein Name leuchtet auf in
herrlichem Glanz.
Er gießt Sein Erbarmen aus durch alle Erdenzeit
über jeden, der im Herzen Vater Ihn nennt. Kv

3. Große Taten führt Er aus mit Seinem starken Arm.
Menschen voller Stolz und Hochmut treibt Er davon.
Die die Macht missbrauchen, stößt Er hart von
ihrem Thron
und erhebt, die niedrig sind und arm in der Welt.
Kv

4. Hungernde lädt Er zum Mahle ein an Seinen Tisch,
doch mit leeren Händen schickt Er Reiche nach
Haus.
Seines Volkes Israel nimmt gütig Er sich an,
wie Er Abraham und allen Vätern verhieß. Kv

5. Ehre sei dem Vater, der uns einlädt in Sein Reich,
Ehre sei dem Sohne, der die Liebe uns zeigt,
Ehre sei dem Geiste, der die Einheit uns verleiht,
wie im Anfang, so auch jetzt und für alle Zeit. Kv

T u. M: Martin Schraufstetter nach Lk 1,46-55 © beim Urheber

Gebet: ***Irrwege?***

Du täuschst dich, wenn du meinst,
dein Weg könnte ohne Windungen verlaufen.
Du täuschst dich,
wenn du meinst, der Weg verliert sich,
weil so viele Dinge dich nicht sehen lassen,
wohin er führt,
Wenn du meinst, der Weg sei lang genug gewesen,
du könntest dich hinsetzen, ausruhen und schlafen,
täuschst du dich.
Wenn du meinst, du seist in einer Sackgasse,
und es erwarte dich niemand am Ende des Weges,
täuschst du dich erst recht.
Du täuschst dich ebenso, wenn du meinst,
ein Gott müsse den Weg unter deinen Füßen glätten.
Du täuschst dich auch,
wenn du meinst, die anderen müssten
einen weniger holprigen und mit Steinen besäten
Weg gehen als du.
Geh, lass dich von dem führen, was für dich wesentlich ist!
Geh deinen Weg, und wenn du kannst, pfeife und singe.
Bleib unterwegs!

Lied: ***Magnificat anima mea*** (GL 390)

Kreativität

Eröffnung

Einführung ins Thema
„Wir sind alle Stifte in der Hand Gottes." Mutter Teresa war es, die diesen Spruch zur Ermutigung sagte. Und da gibt es viele Farben und Farbtöne, die wir in die Welt einbringen. Wir sollen diese Welt lieben und gestalten – mit unseren Talenten und auch mit unseren Schwächen.

Lied: ***Suchen und fragen*** (GL 457)

Geschichte: ***Beten ohne Worte***

Jeden Abend las die Tänzerin in ihrem Gebetbuch. Tag für Tag, Jahr für Jahr – ihr ganzes Leben lang. Ihre Augen wurden langsam schlechter, das Beten machte ihr mehr und mehr Mühe. Eines Abends blätterte sie traurig in ihrem Gebetbuch, aber beim besten Willen – sie konnte keine Buchstaben erkennen.

Da hatte sie plötzlich eine Idee. Sie stellte das Buch zurück an seinen Platz, rückte Tisch und Stuhl beiseite und zog sich ihre alten Ballettschuhe an. „Weißt du was, lieber Gott", sagte sie und lächelte dabei spitzbübisch, „ich bete nicht mehr aus meinem Buch, ich werde ab jetzt mit dir tanzen." Und sie begann.

Sie legte sich auf den Boden und machte sich ganz klein. Vorsichtig begann sie zu krabbeln, und nach einer Weile stand sie auf und ihr Tanz wurde immer lebhafter. Sie wirbelte durch ihre Stube, sie lachte und weinte, sie sang und schrie, sie stolperte und hüpfte. Ihr ganzes Leben packte sie in diesen Tanz, ihre Freude und ihren Zorn, ihre Trauer und ihr Glück, ihren Hass und ihre Liebe. Ihr Tanz wurde langsamer und langsamer, und zum Schluss legte sie sich erschöpft auf den Boden und schloss die Augen.
Und Gott, der ihr ganzes Leben kannte, verkündete freudestrahlend seinen Engeln. „Sie hat ihr Leben lang gebetet, und stellt euch vor, heute hat sie sogar mit mir getanzt."

Gebet: ***Gott schenkt Leben und Kreativität***
Musik ist Farbe nach Noten.
Ich kann sie hören, kann sie sehen,
kann sie fühlen tief in mir.
Musik ist Farbe nach Noten.
Gott malt mein Leben mit ihr.

Wenn ich morgens erwach, hör ich ein Lied in mir.
Es begleitet mich durch den Tag.
In mir singt die Stimme meines Herzens
in allen Farben, die es geben mag.
Es gibt Tage, da ist alles grau nur und leer,
dann ist in mir alles ganz still.
Ich sehn' mich nach einem, der Farbe bringt
und mein Herz ein neues Lied lehren will.

Ob ich sing oder tanze, mein Leben ist bunt,
und Gott gibt den Takt dazu an.
Aus vielen Tönen erschafft er ein Lied.
Malt mit mir Bilder, dass ich leben kann.

Sabine Bley

Lied: ***Tanzen, ja tanzen*** (462)

Segensandacht Liebe

Eröffnung

Einführung ins Thema

Gute Liebeslieder können auch Gebete sein. Warum auch nicht? Schließlich ist Gott Mensch geworden und hat seine Liebe nicht für sich behalten. Liebe ist mehr als ein starkes Gefühl, und sie wächst, wenn wir sie weiterschenken und teilen: mit den Menschen, mit der Schöpfung, mit Gott.

Gebet: ***Modernes Glaubensbekenntnis***

Du unser Gott, Vater und Mutter.
Wir glauben an dich, den Schöpfer der Welt.
Du bist der Schöpfer des Windes,
der Gänseblümchen,
der Marienkäfer
und der Blattläuse.
Du hast uns geschaffen
als Mann und Frau,
als Brüder und Schwestern,
die einander lieb haben sollen.
Wir glauben an dich, Jesus Christus.

Bei dir fühlen wir uns geliebt,
wir werden nicht abgelehnt,
nicht weggeworfen, wir werden bewahrt.
Wir glauben an dich, Heiliger Geist,
wenn wir dich in anderen Menschen finden,
in Gedanken,
in der Musik
und in Worten.
Wir danken dir, dreifaltiger Gott,
dass du uns ins Leben gerufen hast.
Wir danken dir, weil du uns auch heute berufst,
miteinander und mit dir zu leben
als dein Ebenbild.
Amen.

Lied: ***Atme in uns, Heiliger Geist*** (346)

Heitere Seligpreisungen

Selig jene, die über sich selbst lachen können –
sie werden sich nie langweilen!
Selig jene, die einen Berg von einem
Maulwurfshügel unterscheiden können –
ihnen werden viele Verdrießlichkeiten erspart bleiben!
Selig jene, die schauen, wohin sie ihren Fuß setzen –
sie werden nur selten auf einer
Bananenschale ausrutschen!
Selig jene, die ausruhen und schlafen können,
ohne nach Ausflüchten zu suchen –
sie werden weise werden!
Selig jene, die schweigen und zuhören können –
sie werden viel Neues lernen!
Selig jene, die klug genug sind,
sich nicht ernst zu nehmen –
ihre Mitmenschen werden sie schätzen!
Selig jene, die hellhörig sind für den Ruf des
Nächsten, sich aber nicht für unersetzlich halten –
sie werden Freude säen!
Selig jene, die vor dem Tun denken
und vor dem Denken beten –
sie werden viele Dummheiten vermeiden!

Glückselig seid ihr, wenn ihr schweigen
und lächeln könnt, wenn man euch das
Wort abschneidet: wenn man euch wider-
spricht und auf die Zehen tritt –
das Evangelium beginnt, euer Herz zu durchdringen!
Über alles selig seid ihr, wenn ihr versteht,
den Herrn in allen Menschen zu erkennen,
denen ihr begegnet –
ihr habt das wahre Licht
und die wahre Weisheit gefunden!

Aus Afrika

Lied: ***Mache dich auf und werde licht*** (GL 219)

3

Hoffnung

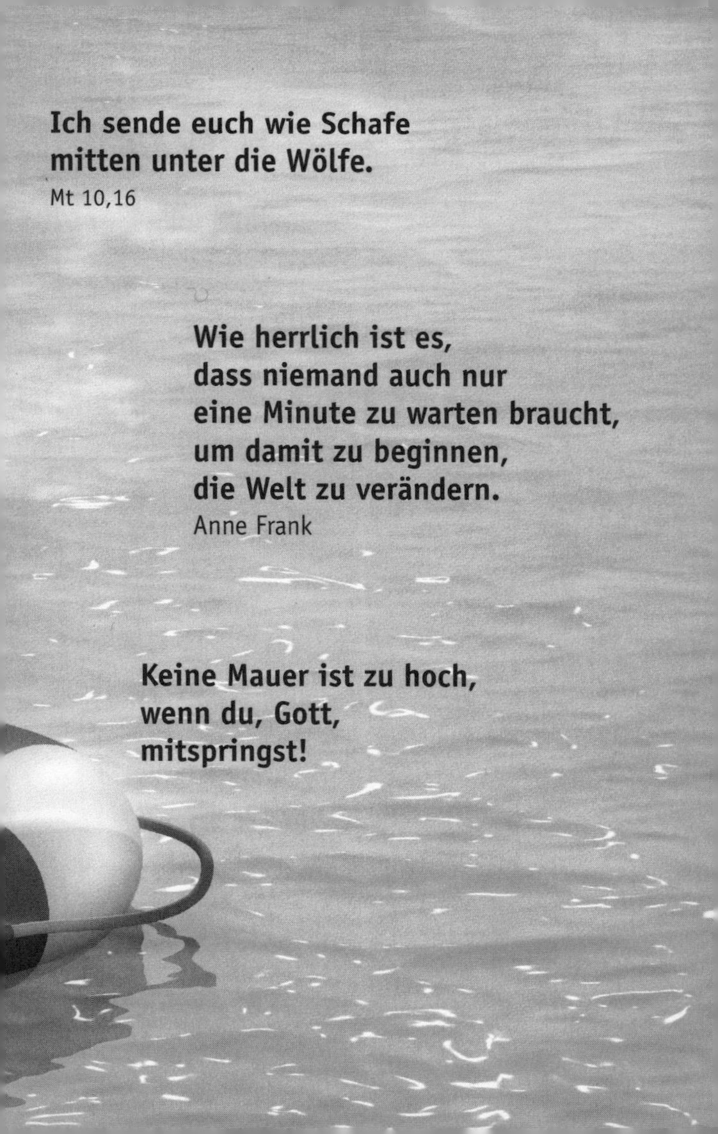

Ich sende euch wie Schafe mitten unter die Wölfe.

Mt 10,16

**Wie herrlich ist es,
dass niemand auch nur
eine Minute zu warten braucht,
um damit zu beginnen,
die Welt zu verändern.**

Anne Frank

**Keine Mauer ist zu hoch,
wenn du, Gott,
mitspringst!**

Gerechtigkeit

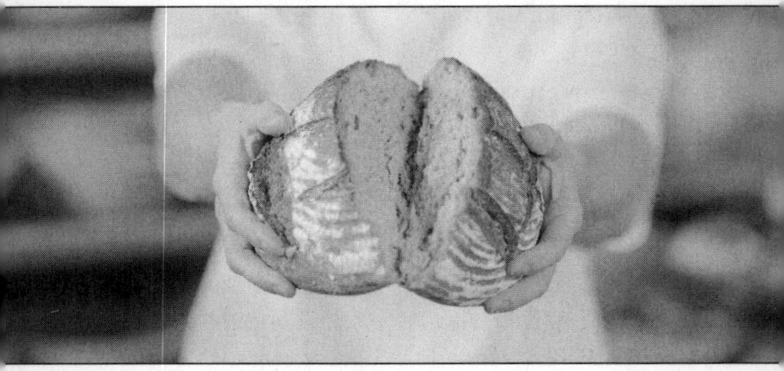

Eröffnung

Einführung ins Thema

In einer Kirche in New Orleans hing lange Zeit ein Plakat. Darauf stand: „Wenn du Gott hier suchst und hast ihn draußen auf der Straße nicht getroffen, wirst du ihm hier auch nicht begegnen." Gottesbegegnungen können überall stattfinden. Und unser Glaube sollte auch daran erkannt werden, wie wir leben.

Geschichte: *Ein „guter Mensch" am Höllentor*

Die Hölle war total überfüllt, und noch immer stand eine lange Schlange am Eingang. Schließlich musste sich der Teufel selbst herausbegeben, um die Leute fortzuschicken. „Bei mir ist nur noch ein einziger Platz frei", sagte er, „den muss der ärgste Sünder bekommen."

Der Teufel hörte sich die Verfehlungen der Einzelnen an, doch nichts schien ihm schrecklich genug, als dass er dafür den letzten Platz in der Hölle hergeben mochte. Schließlich sah er einen Mann, den er noch nicht befragt hatte. „Was haben Sie denn getan?", fragte er. „Nichts", antwortete der Mann, „ich bin ein guter Mensch und nur aus Versehen hier. – „Aber Sie müssen doch etwas getan haben", sagte der Teufel, „jeder Mensch stellt etwas an."

„Ich sah es wohl", antwortete der Mann, „aber ich hielt mich davon fern. Ich sah, wie Menschen ihre Mitmenschen verfolgten, aber ich beteiligte mich niemals daran. Sie haben Kinder hungern lassen und in die Sklaverei verkauft; sie haben auf den Schwachen herumgetrampelt. Überall um mich herum haben Menschen Übeltaten jeder Art begangen. Ich allein widerstand der Versuchung und tat nichts."

„Absolut nichts?", fragte der Teufel ungläubig, „sind Sie sich völlig sicher, dass Sie das alles nur mitangesehen haben?" – „Vor meiner eigenen Tür", sagt der Mann. – „Und nichts haben Sie getan?", wiederholte der Teufel. „Nein!" – „Komm herein, mein Sohn, der Platz gehört dir!" Und als er den „guten Menschen" einließ, drückte sich der Teufel zur Seite, um nicht mit ihm in Berührung zu kommen.

Pedro Calderón

Lied: *Brich mit den Hungrigen dein Brot*

2. Such mit den Fertigen ein Ziel,
brich mit den Hungrigen dein Brot,
sprich mit den Sprachlosen ein Wort,
sing mit den Traurigen ein Lied!

3. Teil mit den Einsamen dein Haus,
such mit den Fertigen ein Ziel,
brich mit den Hungrigen dein Brot!

4. Sing mit den Traurigen ein Lied,
teil mit den Einsamen dein Haus,
such mit den Fertigen ein Ziel,
brich mit den Hungrigen dein Brot!

5. Sprich mit den Sprachlosen ein Wort,
sing mit den Traurigen ein Lied,
teil mit den Einsamen dein Haus,
such mit den Fertigen ein Ziel!

T: Friedrich Karl Barth, M: Peter Janssens
aus: Unkraut Leben, 1977
© alle Rechte im Peter Janssens Musik Verlag, Telgte-Westfalen

Gebet: ***Herr, höre meine Worte***

Vater, öffne deine Ohren und höre mir zu.
Ich möchte dir was sagen – was heißt sagen,
schreien will ich, damit auch alles ankommt bei dir.
Du bist doch kein tauber Gott,
der nicht merkt, welches Spiel gespielt wird.
Wenn einer heuchelt und giftet –
du merkst es, selbst wenn er es als Gebet verkauft.
Die Betrüger und Lügner lässt du in ihren selbst gelegten Fallstricken baumeln.
Mir aber zeigst du den Ort, wo du dich finden lässt.
Hilf mir dabei, so zu leben, wie du es von mir wünschst.
Mache mich stark gegenüber allen,
die über dich und mich lachen,
die den lieben Gott einen guten Mann sein lassen
und deine Geschöpfe mit Füßen treten.
Sie reden mit dem eisigen Atem der Verachtung.
Aus ihren Augen schaut Gier, die nur eigene Interessen kennt und über Leichen geht.
Nimm du ihnen ihre Macht und ihre Beziehungen.
Zerstöre ihre dunklen Kanäle, damit sie mit all ihrem Zusammengerafften verschwinden und
deine Schöpfung nicht mehr unter ihnen leiden muss.
Dafür schenke Freude und Zuversicht all denen,
die anderen das Leben schöner machen,

den Weltverbesserern und Träumern,
denen, die singen, und denen,
die fünfe auch mal grade sein lassen.
Froh sollen sie sein, weil sie zu dir gehören.
Segne sie und breite deine liebenden Arme über sie aus.
Sie stehen unter deinem Schutz
wie ein Kind in den Armen seiner Mutter.

Nach Psalm 5

Lied: *Lass uns den Weg der Gerechtigkeit gehn – Dein Reich komme*

2. Dein Reich des Lichts und der Liebe
lebt und geschieht unter uns.
Dein Reich komme, Herr,
dein Reich komme. Kv

3. Wege durch Leid und Entbehrung
führen zu dir in dein Reich.
Dein Reich komme, Herr,
dein Reich komme. Kv

T: Maria Pilar Figuera, dt. Diethard Zils, Christoph Lehmann
Melodie: Cristóbal Halffter, Quelle: misa de la juventud, 1964, aus: Es sind doch deine Kinder, 1983 © alle Rechte im tvd-Verlag, Düsseldorf

Segensgebet

Jesus,
schenke mir den Mut,
den ersten Schritt zu gehen.
Die folgenden Schritte werden
dann leichter sein.

Jesus,
lass mich immer wieder neu lernen,
mit dir unterwegs zu sein.
Schenke uns den Elan,
uns gemeinsam aufzumachen.
Lass uns unsere Träume und
Hoffnungen teilen.
Hilf uns, dass wir mit deiner,
mit unserer Liebe
die Welt verwandeln.

Wut- und Mutandacht

Eröffnung

Einführung ins Thema

Macht uns der Glaube Mut, gegen Ungerechtigkeit und Dummheit etwas zu sagen? Gibt uns unser Glaube Kraft, anderen Menschen zu helfen und vor der Not in der Welt nicht die Augen zu verschließen? Trauen wir uns mit unserem Glauben, etwas gegen Unmenschlichkeit zu sagen und zu tun?
Seinen Glauben zu leben ist nicht leicht, aber wenn unser Glaube lebendig ist, wird er sich mit der Welt, so wie sie ist, nicht zufrieden geben. Denn unser Glaube will die Welt verwandeln.

Geschichte: ***Die Botschaft***

Es war einmal eine fromme, gläubige Frau. Sie liebte Gott, und jeden Morgen machte sie sich auf den Weg in die Kirche. Auf ihrem Weg riefen Kinder ihr zu, sprachen Bettler sie an, wollten Fremde den Weg wissen. Doch sie war tief in sich versunken und merkte nichts von alledem.

Eines Tages ging sie wieder die Straße hinunter zum Gottesdienst. An der Kirche angelangt, wollte sie eintreten, doch die Tür ließ sich nicht öffnen. Sie drückte und presste, sie versuchte es heftig und fand sogar eine Nadel, mit der sie versuchte, das Schloss aufzubrechen. Der Gedanke, dass sie den Gottesdienst vor der Tür verpassen würde, machte ihr Angst. Verzweifelt blickte sie auf, und da sah sie genau über dem Schloss einen Zettel hängen. Darauf stand in großen Lettern: „Ich bin hier draußen!"

Lied: ***Wenn wir das Leben teilen*** (GL 474)
oder ***Sonne der Gerechtigkeit*** (GL 481)

Gebet: ***Warum lügen die Mächtigen?***

Seht in unsere Welt!
Vollmundig wird von Menschenrechten geredet
und geschwiegen, wenn sie mit Füßen getreten werden.

Wo gilt Gottes Recht?
Wo gilt das Recht für Menschen, Tiere und die Schöpfung?
Mächtige richten sich nicht danach.
Politiker, Konzerne, Terroristen, Medien.
Viele behandeln die Menschen wie Dreck.
Die Gier und Sucht nach Einfluss und Macht gehen über Leichen.
Sie sind das Pestgeschwür unserer Zeit.
Mein Gott, warum lässt du sie gewähren?
Nimm ihnen doch ihre Macht, denn sie haben sie nicht verdient.
Sie sind taub und blind für die Wunder deiner Schöpfung.
Ihnen fehlt der Sinn für die ohnmächtige Kraft deiner Liebe.
Ich rufe nach Strafe, nach Rache und möchte, dass du es ihnen heimzahlst.
Bin ich besser als sie? Ich möchte es!
Und wenn ihr seelenloses Tun alles zerstört?
Wenn unsere Mutlosigkeit dies geschehen lässt?
Mein Gott, brich ein in unsere Welt und lass etwas passieren,
damit die Welt aufatmet und jubelt.
Ja, du mein Gott regierst!

Nach Psalm 58

Lied: ***Meine Hoffnung und meine Stärke***
(GL 365)

Segen
Vater, als Jesus die Händler aus dem Tempel warf,
war er mit heiliger Wut erfüllt.
Lass uns nicht zornig werden über Ungerechtigkeit
und Not in der Welt,
schenke uns Mut, Unfriede und Lüge beim Namen zu nennen.
Gib uns die Kraft zu tun, was wir können, damit wir uns nicht von denen einlullen lassen, die meinen, dass wir ohnehin nichts bewirken können.
Segne uns mit deinem kraftvollen Segen.
Im Namen des Vaters und des Sohnes und
des Heiligen Geistes.

Tod und Auferstehung

Eröffnung

Einführung ins Thema

Der Schlusspunkt des Lebens ist der Tod. Aus, basta, vorbei. Und trotzdem glauben wir, dass es anders weitergeht. Gott hat den Schlusspunkt in einen Doppelpunkt verwandelt, und wir dürfen gespannt sein, was er dann mit uns vorhat.

Geschichte: ***Mittendrin***

Einem Fischer war die Frau gestorben.
Sie hatten eine kleine Tochter, die er nun allein versorgen musste. Und da er sie in ihrem Kummer nicht allein in der Hütte lassen wollte, nahm er sie mit zum Fischen. Sie entfernten sich mehr und mehr vom Land, bis sie nur noch die Weite des Meeres und den Himmel sehen konnten.
Traurig, die Frau und Mutter verloren zu haben, schwiegen sie und betrachteten all die unendliche Weite des Wassers und des Himmels, die sie umgab, während das Schiff langsam immer weitersegelte.
Nach einer Weile fragte das Mädchen leise: „Hat uns Gott genauso lieb, wie wir beide Mama geliebt haben?“ – „Ja, sicher“, sagte der Fischer. „Gottes Liebe ist das Größte, was es überhaupt aus der ganzen Welt gibt.“ – „Und wie groß ist das?“, wollte das Mädchen nun wissen. Der Fischer schwieg eine Weile, dann antwortete er: „Schau dir das Meer und den Himmel an. Sieh so weit du kannst, so hoch du kannst und so tief du kannst. Gottes Liebe umgibt uns weiter als all das Wasser, das du mit deinen Augen siehst. Sie reicht höher als der Himmel über uns und tiefer als all die Tiefen des Meeres, über die wir mir unserem kleinen Boot dahingleiten.“

Das Mädchen schwieg, es versuchte, dieses riesige Rätsel zu verstehen. Langsam füllten sich ihre Augen mit Tränen. Der Fischer nahm sie in seinen Arm und wollte ihr etwas Tröstendes sagen. Da fing die Kleine zu strahlen an, sie drückte ihren Vater und sagte: „Das ist doch wunderbar, weil wir ja mittendrin sind."

Mündlich überliefert

Lied: ***Misericordias Domini*** (GL 657)
oder ***Tod und Vergeben*** (GL 656)

Gebet: *Das letzte Hemd hat keine Taschen*

Einen riesigen Lautsprecher möchte ich
nehmen und dann rufen:
Hört mir zu, alle Völker!
Hört her, liebe Zeitgenossen!
  Hört her, ihr einfachen Leute!
  Hört her, ihr Bestimmer!
  Hört her, ihr Millionäre!
  Hört her, ihr armen Kerle!
Hört alle her, alle, hört ihr? Alle miteinander!
Was ich jetzt sage, ist eine Nachricht von Gott.
Es kommt aus dem Herzen, und jeder kann es verstehen.
  Rätsel und Geheimnis zugleich, aber voller Musik
  ist meine Botschaft.
  Wer sich auf Besitz und Geld verlässt,
  der lebt am Leben vorbei.
Gott ist keine Bank, bei der man eine große Summe
für sein Leben hinterlegen könnte.
Das Leben ist unendlich viel mehr wert als jedes
Wertpapier.
  Das letzte Hemd hat keine Taschen.
  Alle Menschen müssen einmal sterben,
  und niemand kann etwas mitnehmen.

Der größte Reichtum nutzt nichts.
Mit dem Tod ist das alles vorbei.
Wer das nicht begreift, der ist schon vor dem Tod tot.
Wer aber an Gott glaubt,
einfach so und umsonst,
ohne Hintergedanken und Berechnung,
der hat die Hoffnung,
dass Gott uns aufnimmt nach dem Tod.
Das ist die geheimnisvolle, strahlende Botschaft,
die wie ein Licht in meinem Leben ist.

Nach Psalm 49

Lied: ***In manus tuas, Pater*** (GL 658)

Segen

Vater, du Herr über Leben und Tod,
segne und bewahre uns vor der Hoffnungslosigkeit.
Segne und behüte uns vor Unfällen und Unglücken.
Segne und begleite uns, wenn die Stunde kommt,
in der wir zu dir hinübergehen.

Was die Schnecke hat – Zeit

Eröffnung

Einführung ins Thema

Mit der Zeit ist es so eine Sache. Das meiste ist vorbei oder kommt noch. Der kurze Augenblick der Gegenwart ist nicht zu greifen und trotzdem allgegenwärtig. Er ist entscheidend für das, was als Nächstes kommt. Für Gott, so heißt es, spielt Zeit keine Rolle. Für uns ist sie die Spanne unseres Lebens, wie ruhig oder hektisch sie verläuft, liegt auch an uns.

Geschichte: *Weise Voraussicht*

Eine Schnecke brach an einem ungemütlich kalten und regnerischen Tag im Frühjahr auf, um den Stamm eines Kirschbaumes emporzuklettern. Die Spatzen auf dem Nachbarbaum sahen sie und lachten sich halbtot über ihr lahmes Gekrieche.

Endlich flog ein Spatz zur Schnecke herüber und tschilpte los: „Eh, du Dummkopf, kannst du mit deinen Glubschfühlern nicht erkennen, dass auf dem Baum noch gar keine Kirschen sind?"

Die Schnecke blieb davon völlig unbeeindruckt, kroch sehr langsam weiter und sagte: „Macht nichts, bis ich da oben bin, sind welche dran."

Lied: ***Meine Zeit steht in deinen Händen***

2. Hast und Eile, Zeitnot und Betrieb
nehmen mich gefangen, jagen mich.
Herr, ich rufe: Komm und mach mich frei.
Führe du mich Schritt für Schritt. Kv

3. Es gibt Tage, die scheinen ohne Sinn.
Hilflos seh ich, wie die Zeit verrinnt.
Stunden, Tage, Jahre gehen hin,
und ich frag, wo sie geblieben sind. Kv

T u. M: Peter Strauch, © 1981 SCM Hänssler, 71087 Holzgerlingen

Bibeltext: ***Alles hat seine Stunde***

Alles hat seine Stunde. Für jedes Geschehen unter dem Himmel gibt es eine bestimmte Zeit:
eine Zeit zum Gebären und eine Zeit zum Sterben,
eine Zeit zum Pflanzen und eine Zeit zum Abernten der Pflanzen,
eine Zeit zum Töten und eine Zeit zum Heilen,
eine Zeit zum Niederreißen und eine Zeit zum Bauen,
eine Zeit zum Weinen und eine Zeit zum Lachen,
eine Zeit für die Klage und eine Zeit für den Tanz;
eine Zeit zum Steinewerfen und eine Zeit zum Steinesammeln,
eine Zeit zum Umarmen und eine Zeit, die Umarmung zu lösen,
eine Zeit zum Suchen und eine Zeit zum Verlieren,
eine Zeit zum Behalten und eine Zeit zum Wegwerfen,
eine Zeit zum Zerreißen und eine Zeit zum Zusammennähen,

eine Zeit zum Schweigen und eine Zeit zum Reden,
eine Zeit zum Lieben und eine Zeit zum Hassen,
eine Zeit für den Krieg und eine Zeit für den Frieden.

Wenn jemand etwas tut – welchen Vorteil hat er davon, dass er sich anstrengt? Ich sah mir das Geschäft an, für das jeder Mensch durch Gottes Auftrag sich abmüht. Gott hat das alles zu seiner Zeit auf vollkommene Weise getan. Überdies hat er die Ewigkeit in alles hineingelegt, doch ohne dass der Mensch das Tun, das Gott getan hat, von seinem Anfang bis zu seinem Ende wiederfinden könnte.

Koh 3,1-11

Gebet: ***Am Tag und zur Nacht***

Gott ist unsere Zuversicht und Stärke,
er hilft uns, wenn wir nicht mehr weiter-
wissen.
Wir brauchen keine Angst zu haben,
selbst wenn die Welt unterginge
und kein Stein auf dem anderen bliebe.
Denn dort, wo Gott wohnt,
bleibt auch die Freude.
Dort, wo Gott wohnt,
wohnt auch das Leben.
Gott ist bei uns,
egal wie früh oder spät es ist.
Wer es begreifen kann, begreife es.
Wer es nicht glaubt, kann es auch nicht ändern.
Auch wenn es manchmal schwerfällt zu glauben,
die Hoffnung auf Gott macht
unser Leben stark.
Vor Gottes Augen vergeht alles,
was meint, ohne ihn auszukommen.
Werden wir still, um ihn zu entdecken.
Werden wir still, um seine Größe zu ahnen.
Am Ende wird er mit seinem Frieden siegen.
Seinem Frieden, der alles andere überdauern wird.

Nach Psalm 46

Lied: *Carpe diem*

G F C/E
Kv Car - pe di - em! Nutz die Stun - den,
F C/E
Car - pe di - em, nut - ze den Tag!
F C/E
Nimm dir Zeit für Got - tes Lie - be,
Am B G
su - che sie und geh ihr nach. Fin - de sie
F C/E F
in dir, in an - dern, gib sie wei - ter,
C/E Dm
was kom - men mag. Car - pe di - em,
C/E
nutz die Stun - den, Lie - be und Zeit,
F G C
die Er dir gab.

2. Menschen warten, hoffen, sehnen
sich nach Frieden in der Welt.
Macht und Reichtum, große Pläne
sind für viele das, was zählt.
Einer sagt: Verkaufe alles,
mach dich frei von dem Ballast.
Was am Ende zählt, ist Liebe,
welche du gegeben hast. Kv

3. Menschen staunen, schöpfen, handeln
nach dem Wort des Herrn der Welt.
Seine Nähe. Sein Erbarmen
ist das, was sie alle hält.
Einer sagt: Ich bin das Leben,
bin der Weg und auch die Tür.
Geh hinein ins neue Leben,
ich geb dir die Kraft dafür. Kv

T: Sabine Bley, M: Martin S. Müller © 2010 Wutzler Verlag, D-01689 Weinböhla, www.wutzler-verlag.de

Mutmacherandacht – Wo der Himmel sich öffnet

Eröffnung

Einführung ins Thema

Wenn der Himmel sich öffnet und die Sonne durchbricht, sieht die Welt ganz anders aus. Lösungen erscheinen dort, wo vorher Unklarheit war, Antworten dort, wo es Fragen gab. Manchmal wird der Blick auf das Wesentliche frei.

Geschichte: ***Der heilige Jakobus und der Himmel***
Viele Menschen pilgern zu Fuß in die spanische Stadt Santiago de Compostela. Dort sollen die Gebeine des heiligen Jakobus liegen. Viele spüren, dass sie auf dem Weg dorthin nicht allein sind. Manchen wird Jakobus zu einem inneren Begleiter.
Von einem Pilger wird berichtet, dass er draußen übernachtet. Mitten in der Nacht wird er vom heiligen Jakobus geweckt. „Was siehst du?“, fragt ihn Jakobus. Der Pilger schwärmt: „Ich sehe den wundervollen Mond, die strahlenden Sterne, die Wolken, die als Abglanz der Schöpfung sacht über den Himmel ziehen. Und was siehst du?“ „Nun ja“, antwortet Jakobus, „ich glaube, sie haben uns das Zelt geklaut.“

Lied: ***Gottes Wort ist wie Licht in der Nacht***
(GL 450)

Psalmgebet: *Zwei Wege*

Wohl denen, die anderen Mut machen.
Wohl dem, der sich nicht von denen beschwatzen lässt,
die Gott einen guten Mann sein lassen,
die machen, was sie wollen
und nur Gelächter für Menschen übrig haben,
die nicht so erfolgreich und selbstgefällig sind wie sie.

Wohl der, die merkt, dass das Gesetz Gottes keine Last ist,
die das Leben sauer macht, sondern Freiheit und Glück
für die gesamte Schöpfung bedeutet.

Sie sind stark und machen anderen Mut,
weil sie ihre Kraft direkt von dir, Gott, bekommen.

Sie tun das, was zu machen ist,
zur richtigen Zeit, am richtigen Ort mit den richtigen Mitteln.

Ganz anders als die aufgeblasenen selbstgerechten Egoisten,
die immer nur Ausreden finden,
um bloß nicht Verantwortung
für deine Schöpfung zu übernehmen.

Sie haben mit ihrem Geprotze scheinbar Erfolg,
doch vor dir können sie sich,
wenn es darauf ankommt, nicht verstecken.
Gott sieht in die Herzen,
nicht auf die Kontostände.
Er bleibt mit denen auf dem Weg,
die Gerechtigkeit suchen,
die nur sich selbst im Sinn haben,
werden vergessen und vergehen.

Nach Psalm 1

Lied: ***Ich lobe meinen Gott, der aus der Tiefe mich holt*** (GL 383)

Segensgebet

Vater plus Sohn plus Heiliger Geist = Gott
Vater, lass mich geduldig sein mit dir
und ungeduldig mit der Welt.
Lass mich sensibel deine Stimme suchen
und mache mich stark, deinen Willen umzusetzen.
Jesus, sei geduldig mit mir,
wenn ich nicht mehr kann,
und ungeduldig, wenn ich träge darauf warte,
dass andere deine Welt in Ordnung bringen.
Heiliger Geist, mache mich wach, aktiv und mutig.
Gib mir den Anstoß, den ich brauche,
und sei der Ort,
an dem ich Ruhe und Halt finde.
Gott, lass mich dich
immer von Neuem suchen,
und lass mich dich
dabei bitte auch ab und zu spüren.

Die kurze ABC-Andacht

Eröffnung

110

Einführung ins Thema

Selbst wenn einem die Worte fehlen, ist Gott ansprechbar. Man muss sich nur etwas einfallen lassen.

Geschichte: *Beten ohne Buch*

Ein Bauer war eines Abends mit seinem Karren auf dem Weg nach Hause. Da merkte er, dass er sein Gebetbuch zu Hause vergessen hatte. Zu allem Unglück brach mitten im Wald ein Rad seines Wagens, und betrübt stellte er fest, dass dieser Tag nun vergehen würde, ohne dass er sein Nachtgebet verrichtet hätte. Also begann er zu beten: „Herr, ich habe etwas sehr Dummes getan. Heute früh bin ich ohne mein Gebetbuch von zu Hause fortgegangen. Und ich habe ein so schlechtes Gedächtnis, dass ich kein einziges Gebet auswendig sprechen kann. Deshalb werde ich fünfmal langsam das gesamte Alphabet aufsagen, und du, der du ja alle Gebete kennst, kannst dir all die Buchstaben nehmen und dir daraus die Gebete machen, an die ich mich nicht erinnern kann."

Und so geschah es, der Bauer sagte fünfmal das Alphabet auf, und am Abend sagt Gott, der dies gehört hatte, zu seinen Engeln: „Zweifellos ist dies das schönste und beste Gebet, das ich heute gehört habe, weil es aus einem ehrlichen und einfachen Herzen zu mir gesprochen wurde."

Chassidische Geschichte

Gebet

Lasst uns zusammen das Alphabet beten
und bitten wir Gott, den Vater, der alles weiß,
dabei um seinen Segen.

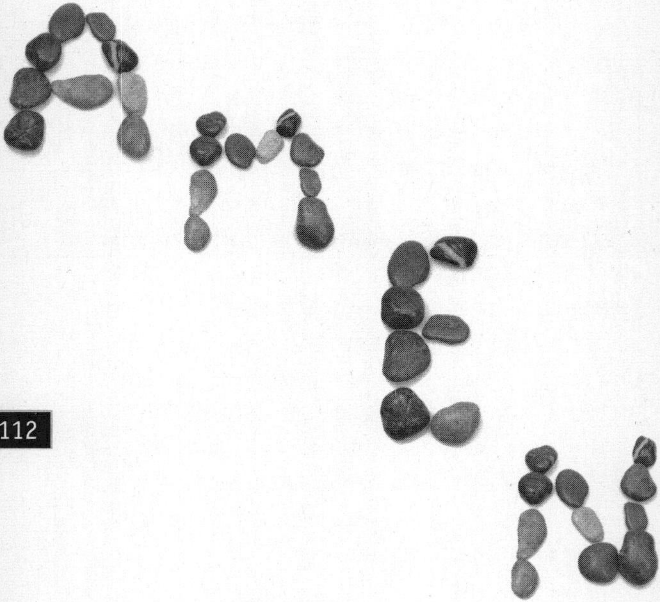

Segensandacht Hoffnung

Eröffnung

Einführung ins Thema

Die Auferstehung Jesu ist ein so unerhörtes Ereignis, dass wir ein Leben lang auf dieses Geheimnis hoffen können. Der Tod ist komplett und radikal überwunden, wir können es sogar wagen, Witze über den nunmehr saft- und kraftlosen Tod zu machen. Und wenn es da nichts zu lachen gäbe, sähe es traurig für uns aus.

Gebet

Vater,
ich rede im Gebet viel von mir
und höre dir nicht zu.
Ungeduldig warte ich auf die Erfüllung
meiner Wünsche
und habe keine Augen für all das,
was du mir an Gaben geschenkt hast.
Lass nicht zu, dass ich dich nur
als Wunschzettelempfänger missbrauche.
Wenn ich für die Hungernden bete,
schenke mir die Bereitschaft, mit ihnen zu teilen.
Wenn ich für Kranke bete,
lass mich Zeit finden, mich an ihr Bett zu setzen.
Wenn ich für den Frieden bete,
nimm von mir Zorn und Hass.
Lass mich endlich merken,
dass ich selbst damit beginnen kann,
diese Welt besser zu machen, als sie ist.
Lass mich beim Beten nicht nur dich,
sondern auch mich fordern.
Um eines bitte ich dich dabei:
Lass mich in deiner Hand geborgen sein,
damit wir gemeinsam durchstarten können!

Lied: ***Gott gab uns Atem, damit wir leben*** (GL 468)

Bibeltext: ***Dank dem Herrn***

Danket dem Herrn
für alle Menschen dieser Erde.
Dankt ihm für die Menschen,
die sich in ihm geborgen wissen.
Dankt ihm für alle Menschen,
die den Trauernden Trost
und Zuversicht spenden.
Danket dem Herrn für die Menschen,
die mit ihrer Liebe den Hass überwinden.
Dankt ihm für alle Menschen, die gerecht sind.
Dankt ihm für alle, die barmherzig sind.
Danket dem Herrn für alle Menschen,
die uns Gottes Nähe eröffnen.
Dankt ihm für alle Menschen,
die für den Frieden ihr Leben einsetzen.
Dankt ihm für alle Menschen,
die Gott in der Welt bekennen.
Freut euch im Herrn und dankt ihm
für alle Menschen dieser Erde.

Nach Mt 5,3-12

Lied: ***Vater, unser Vater***

2. Deine Herrschaft soll kommen,
das, was du willst, geschehn.
Auf der Erde, im Himmel
sollen alle es sehn.

3. Gib uns das, was wir brauchen,
gib uns heut unser Brot,
und vergib uns den Aufstand
gegen dich und dein Gebot.

4. Lehre uns zu vergeben,
so wie du uns vergibst.
Lass uns treu zu dir stehen,
so wie du immer liebst.

5. Nimm Gedanken des Zweifels
und der Anfechtung fort.
Mach uns frei von dem Bösen
durch dein mächtiges Wort.

6. Deine Macht hat kein Ende,
wir vertrauen darauf.
Bist ein herrlicher Herrscher,
und dein Reich hört nie auf.

T: Christoph Zehendner nach Mt 6,9-13, M: Hans Werner Scharnowski
© 1995 Auf den Punkt, Siegen/Hit'n Run Publishing

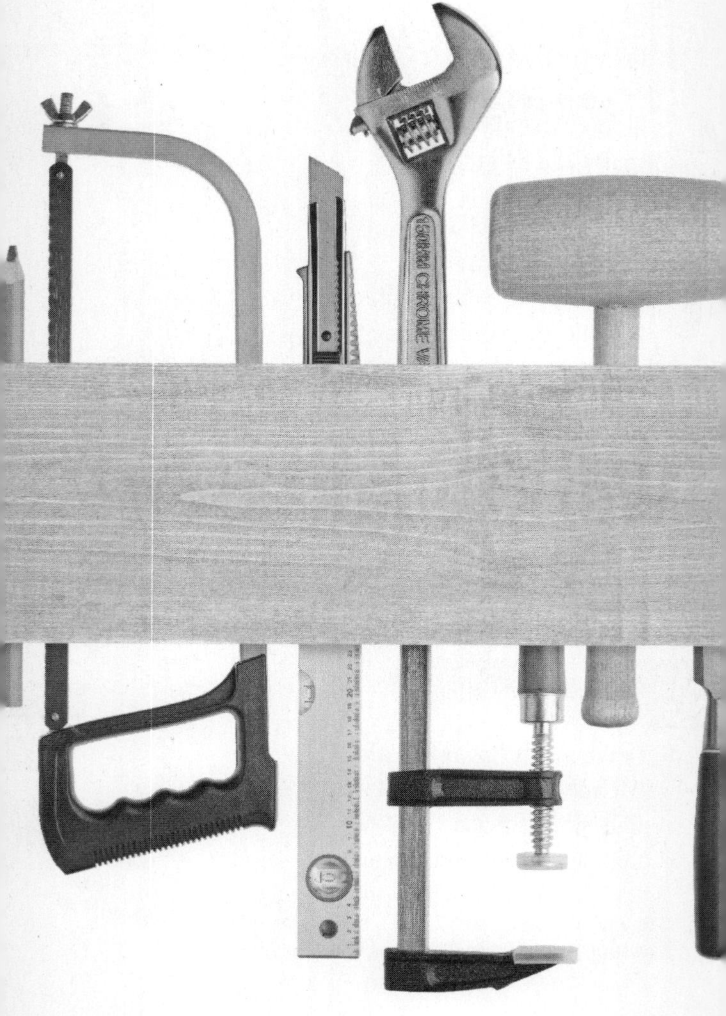

Werkzeugkasten

Andachten – Rezepte im Werkzeugkasten

Rezepte

Für das Beten gibt es eine Reihe Rezepte. Und wie bei Kochbüchern kann es sein, dass sie uns sehr unterschiedlich behagen, denn die Geschmäcker sind nun mal verschieden.

Das Bibel-Zeitungs-Rezept

Wie man beten soll,
das steht in der Bibel,
und was man beten soll,
das steht in der Zeitung.

Karl Barth

Da haben wir doch schon ein Rezept. Und wo in der Bibel etwas zum Beten steht, ist auch leicht herauszubekommen. Die erste Fundstelle ist Matthäus 6. Nur steht da eher, wie man nicht beten soll, und das ist ehrlich gesagt ziemlich direkt:

Wenn ihr betet, sollt ihr nicht plappern wie die Heiden, die meinen, sie werden nur erhört, wenn sie viele Worte machen. Macht es nicht wie sie; denn euer Vater weiß, was ihr braucht, noch ehe ihr ihn bittet.

Mt 6,7-8

Wie Beten tatsächlich geht, hat Matthäus gleich dazugeschrieben:

Das Jesus-Rezept

Du aber geh in deine Kammer, wenn du betest, und schließe die Tür zu; dann bete zu deinem Vater, der im Verborgenen ist. Dein Vater, der auch das Verborgene sieht, wird es dir vergelten.

Mt 6,6

Jesus spricht Klartext, und der Text ist inhaltlich immer noch ziemlich aktuell. Wenn wir allein oder gemeinsam beten, gibt es vielleicht doch so eine Art Bedienungsanleitung oder Werkzeugkasten?

Wie mit Gott reden?

Zum Beten brauchst du nicht allzu viel. Am wichtigsten ist, dass du dir etwas Zeit dafür nimmst. Dabei ist kein Ort besser oder schlechter als der andere. Beten kannst du überall. Schwierig ist natürlich, dass du Gott nicht direkt siehst, dass seine Stimme anders zu vernehmen ist als die anderen Stimmen, die du kennst.

Beten ist mehr als ein paar Worte aufsagen. Manchmal ist Beten schweigen, manchmal ist es wie ein Gespräch mit einem guten Freund, dem ich alles sagen kann. Gott gegenüber brauche ich mich nicht zu verstellen. Er kennt mich, versteht mich und ist ein kritischer Begleiter. Aber nicht immer fallen mir die richtigen Worte ein. Da kann ich dankbar sein, dass es geschriebene Gebete gibt.

Plan für Andachten

Wenn du mit anderen betest, ist es gut, einen Plan zu haben. Der könnte so aussehen:

- Thementext
- Gebet
- Lieder
- Segen
- Stille
- Sonstiges
- Raum

Welches Thema, welche Anliegen haben wir? Kenne ich Texte, die dazu passen?
Die Texte können aus ganz vielen Quellen stammen: aus der Zeitung, aus Gebetbücher oder natürlich aus der Bibel. Es können auch Gedichte, Geschichten oder Songtexte ein.

Als nächstes ist es gut, ein oder zwei Lieder auszusuchen, die zum Thema passen. Nicht unwichtig dabei ist die Frage, ob viele von euch die Lieder kennen oder ob sie neu sind und noch gelernt werden müssen. Das geht dann besser vor der Andacht.

Eine Andacht muss nicht lang sein. Und sie sollte trotzdem Zeit haben. Ein Widerspruch? – Nein.

Vorlese-Tipps
Wer vorliest, sollte den Texte schon mal gelesen haben.
Lest nicht zu schnell oder zu leise.
Vermeidet künstlich fromme Betonung.

Das Alle-machen-mit-Rezept

Niemand unter den Sterblichen ist so groß, dass er nicht in ein Gebet eingeschlossen werden könnte.

Bertolt Brecht

Das Gott-ist-nah-dran-Rezept

Albino Luciani, der spätere Papst Johannes Paul I., sagte über das Beten: „Beten bedeutet mit dem Herrn sprechen, nicht nur über den Himmel oder über die Seele, sondern mit Jesus über alles plaudern, wie man es mit einem Freund tut. Man kann mit ihm reden über den Vater oder über die Mutter, von der Arbeit oder vom Spiel. Er ist uns nicht fern, sondern ganz nahe. Er hört uns zu und ist sehr froh, wenn wir mit ihm sprechen. Man betet nicht nur in der Kirche, sondern überall und immer. Wir können uns einen Augenblick konzentrieren, um Jesus zu grüßen, ihm zu danken oder ihn um Verzeihung zu bitten, ohne dass irgendjemand es merkt."

Verzeichnis aller Andachten

3. Hoffnung

Alphabetisches Liedverzeichnis

Wo der Liedtitel vom Liedanfang abweicht,
ist zusätzlich *kursiv* der Liedtitel angegeben.

Textnachweis
Bibelzitate stammen aus der Einheitsübersetzung der Heiligen Schrift
© 1980 Katholische Bibelanstalt, Stuttgart
S. 69/70: Sabine Bley, Rechte bei der Autorin

Bildnachweis
Cover: © Piotr Marcinski/Fotolia, S.6: © Gabi Moisa / shutterstock, S.9: © Kwest / Fotolia, S.10/11: © Dmitry Naumov / Fotolia, S.12: © JONATHAN / Fotolia, S.17: © Markus Gann / shutterstock, S.18: © Anton Gvozdikov / shutterstock, S.23: © lassedesignen / Fotolia, S.25: © VRD / Fotolia, S.27: © Leonid Tit / Fotolia, S.31: © Guido Erbrich, S.35: © frankoppermann / Fotolia, S.37: © Olivier DELAYE / Fotolia, S.39: © ISO K° / Fotolia, S.42/43: © 47media / Fotolia, S.44: © Ivan Kopylov / Fotolia, S.48: © Angela / Fotolia, S.49: © MP2 / Fotolia, S.50: © Okea / Fotolia, S.57: © cherezoff / Fotolia, S.61: © bierchen / Fotolia, S.67: © Robert Neumann / Fotolia, S.68: © ChristArt / Fotolia, S.71: © Sabphoto / Fotolia, S.72: © Vaclav Volrab / shutterstock, S.75: © barbara-maria damrau / Fotolia, S.76/77: © frenta / Fotolia, S.78: © contrastwerkstatt / Fotolia, S.85: © manipulateur / Fotolia, S.86: © Zacarias da Mata / Fotolia, S.89: © Robert Kneschke / Fotolia, S.90: © Tiffany Chan / shutterstock, S.92: © Eric Gevaert / Fotolia, S.95: © Grischa Georgiew / Fotolia, S.96: © brulove / Fotolia, S.100: © wajan / Fotolia, S.105: © Roman Sakhno / Fotolia, S.109: © Creativemarc / Fotolia, S.110: © sassenfeld / Fotolia, S.112: © Herby (Herbert) Me / Fotolia, S.113: © csld / Fotolia, S.116/117: © tuja66 / Fotolia